Université de France.

ACADÉMIE DE STRASBOURG.

THÈSE POUR LA LICENCE,

SOUTENUE PUBLIQUEMENT

A LA FACULTÉ DE DROIT DE STRASBOURG,

Le mardi 28 août 1838, à 4 heures du soir,

PAR

J. L. FÉLIX CAZIN,

DE VIC (DÉPARTEMENT DE LA MEURTHE).

STRASBOURG,

IMPRIMERIE DE G. SILBERMANN, PLACE SAINT-THOMAS, 5.

1838.

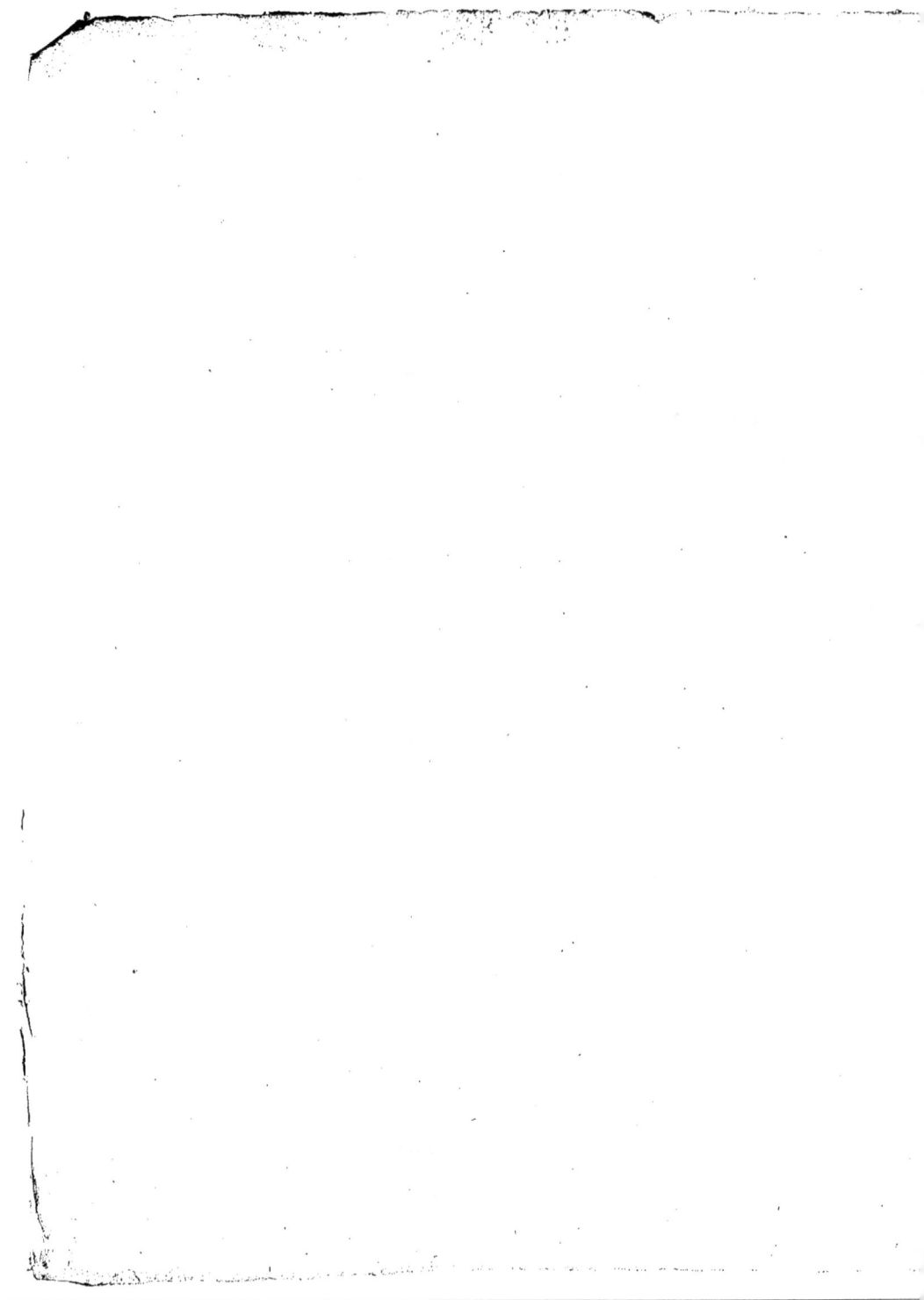

A MES PARENTS.

FÉLIX GAZIN.

FACULTÉ DE DROIT DE STRASBOURG.

M. RAUTER, Doyen.

Président, M. Heimburger.

Examinateurs. { MM. Heimburger.
Thieriet. } Professeurs.
Aubry.
Briffault, Professeur suppléant.

La Faculté n'entend approuver ni désapprouver les opinions particulières au candidat.

DROIT CIVIL.

DE LA CONSTITUTION DE L'HYPOTHÈQUE CONVENTIONNELLE.

CHAPITRE PREMIER.

GÉNÉRALITÉS.

L'hypothèque est un droit réel, indivisible, sur un immeuble affecté à l'acquittement d'une obligation, moyennant l'accomplissement des formalités prescrites par la loi (art. 2114).

L'hypothèque est une cause légitime de préférence (art. 2094).

L'immeuble soumis à l'hypothèque est le gage du créancier.

Le créancier a le droit de suivre l'immeuble en quelque main qu'il passe, de le faire vendre et de se faire payer sur le prix : aussi faut-il que la nature de l'immeuble soit bien spécifiée, pour qu'on puisse facilement le reconnaître.

Le droit réel, donné par l'hypothèque, ne confère au créancier ni droit de propriété, ni droit de possession.

Ce droit réel dérive de la loi, d'un jugement ou de la convention, *causa efficiens pignoris est, aut voluntas hominum, aut lex, aut magistratus*, c'est-à-dire que l'hypothèque est légale, judiciaire ou conventionnelle (art. 2116).

L'hypothèque conventionnelle est celle qui dépend des conventions et de la forme extérieure des actes et des contrats.

Nous n'avons à nous occuper que de la constitution de l'hypothèque conventionnelle, qui seule fait le sujet de notre thèse.

CHAPITRE II.

DE LA CONSTITUTION DE L'HYPOTHÈQUE CONVENTION-NELLE EN PARTICULIER.

La constitution de l'hypothèque conventionnelle est un contrat accessoire et solennel, toujours passé devant notaire, par lequel une personne capable d'aliéner, affecte un ou plusieurs immeubles, spécialement désignés à l'acquittement d'une obligation.

A Rome, la constitution d'hypothèque s'établissait par un simple pacte, *pactum hypothecæ*.

Dans l'ancien Droit français, toute obligation authentique produisait hypothèque, sans que celle-ci y fût exprimée; elle était générale de plein droit.

La constitution d'hypothèque peut être conditionnelle. La condition est *volontaire* ou *nécessaire*.

SECTION PREMIÈRE.

Quelles sont les personnes qui peuvent constituer hypothèque?

La condition essentielle pour pouvoir hypothéquer, c'est d'être propriétaire.

En principe, les personnes qui peuvent constituer hypothèque, sont les propriétaires qui ont la capacité d'aliéner (art. 2124).

Les propriétaires incapables d'aliéner sont:

1° *La femme mariée.* Elle ne peut aliéner ni hypothéquer sans le consentement de son mari, ou, sur son refus, sans l'autorisation du juge. Il en est autrement lorsqu'elle est marchande publique. Toutefois ses biens dotaux sont toujours inaliénables, sauf quelques exceptions portées aux art. 1555, 1556 et suivants.

2° *L'interdit ;*

3° *Le mineur ;* néanmoins le mineur émancipé qui fait un commerce, peut hypothéquer ses immeubles pour ce qui regarde son négoce ; mais il n'a pas la capacité de les aliéner. C'est une exception au principe énoncé ci-dessus, d'après lequel il faut avoir capacité d'aliéner pour pouvoir constituer hypothèque. Ici nous observerons qu'il se peut même qu'on ait la capacité d'aliéner, sans avoir celle d'hypothèquer ; par exemple, dans le cas d'une donation par avancement d'hoirie. La vente des immeubles consentie par le donataire serait irrévocable (art. 860), tandis que les hypothèques qu'il aurait constituées seraient résolubles.

4° *Ceux qui sont pourvus d'un conseil judiciaire,* sans l'assistance de leur conseil.

Nous venons de dire que la condition essentielle pour pouvoir hypothéquer, c'est d'être propriétaire de la chose ; par conséquent, ne peuvent aussi hypothéquer les simples administrateurs, tels que :

1° *Le mari;* néanmoins, comme administrateur des biens de la communauté, il peut aliéner et hypothéquer ces mêmes biens ; mais cela ne doit pas être regardé comme une exception, car, à la rigueur on peut dire que le mari est propriétaire des biens de la communauté : *mulier non est propriè socia, sed speratur fore.*

2° *Le tuteur,* mais en observant les formalités de l'art. 457 du Code civil ;

3° Les *syndics d'une faillite ;*

4° Le *curateur à une succession vacante ;*

5° Les *héritiers bénéficiaires,* sous peine de devenir héritiers purs et simples ;

6° Les *communes* et les *établissements publics,* sans autorisation préalable.

Quant à l'envoyé en possession provisoire des biens d'un absent, il ne peut ni aliéner ni hypothéquer. Ce serait en vain que l'on invoquerait en sa faveur les dispositions de l'art. 2126, qui ne concernent que des hypothèques légales ou judiciaires; d'ailleurs les dispositions de l'art. 125 qui le considèrent comme dépositaire, et celles de l'art. 128, confirment notre opinion d'une manière si évidente, que nous croyons ne pas devoir entrer dans d'autres détails sur ce point.

SECTION II.

Cause de la constitution d'hypothèque.

La cause de la constitution d'hypothèque est une créance résultant d'une obligation. Cette créance doit être certaine et déterminée par l'acte.

Elle peut être pure et simple ou sous condition, soit suspensive ou résolutoire, soit encore casuelle, potestative ou mixte.

Si la créance est conditionnelle pour son existence ou indéterminée dans sa valeur, le créancier ne pourra requérir inscription que jusqu'à concurrence d'une valeur estimative par lui déclarée expressément (art. 2132).

Cette valeur doit être évaluée avec le plus grand soin, car elle devient définitive à l'égard du créancier, envers les tiers qui ont traité avec le débiteur, et il ne peut l'augmenter à leur préjudice.

Si la créance est exagérée, le débiteur peut en demander la réduction.

Nous avons dit que la constitution d'hypothèque avait pour cause une créance résultant de l'obligation; sa validité et sa date se règlent d'après la nature de l'obligation. Ainsi l'hypothèque consentie, pour une obligation pure et simple, produit son effet du jour du consentement. Il en est de même pour l'obligation conditionnelle, quand la condition est casuelle et dépend uniquement du hasard.

On ne suit pas la même règle lorsque l'obligation est potestative. Dans ce dernier cas l'hypothèque n'a d'effet que du jour de l'accomplissement de la condition (L. 9, *D. qui potior in pig.*). En effet, dans cette espèce il n'y a point de lien de droit, point d'obligation réelle, jusqu'à ce que cette volonté soit manifestée. Ce qui est dit de la condition casuelle est applicable à la condition mixte, parce qu'elle ne dépend point de la seule volonté d'une des parties contractantes.

SECTION III.

Sur quels biens peut frapper la constitution d'hypothèque.

La constitution d'hypothèque peut frapper :

1° Les biens immobiliers et leurs accessoires, réputés immeubles.

2° L'usufruit des mêmes biens et accessoires pendant le temps de sa durée.

La constitution d'hypothèque ne peut frapper que les biens qui sont dans le patrimoine actuel du débiteur; ainsi est nulle la constitution d'hypothèque faite par l'héritier apparent, quelle que soit sa bonne foi.

Il faut de plus que les biens soient dans le commerce, d'où il résulte que les biens dotaux qui sont placés hors du commerce ne peuvent être hypothéqués.

Les biens dont on n'est pas propriétaire incommutable, peuvent être hypothéqués (arg. art. 2125).

Et en vertu des principes : *Nemo plus juris ad alium transferre potest quam ipse habet. Resoluto jure dantis resolvitur jus accipientis,* nous disons que la constitution d'hypothèque est quelquefois nécessairement conditionnelle. C'est dans le cas où ceux qui n'ont sur l'immeuble qu'un droit suspendu par une condition ou résoluble dans certains cas, ou sujet à rescision, consentent une hypothèque ; cette hypothèque sera soumise aux mêmes conditions et à la même rescision (art. 2125).

Ainsi l'acquéreur à pacte de rachat, le donataire ou légataire sous condition, le cohéritier en matière de partage, ne consentent qu'une hypothèque, nécessairement conditionnelle, dépendant des événements qui pourraient affermir ou détruire leur droit. Si par la suite ils deviennent propriétaires incommutables, l'hypothèque acquerra la même fixité, à dater du jour auquel elle aura été contractée.

A Rome il était permis d'hypothéquer les biens d'autrui, sous la condition que ces biens entreraient plus tard dans le patrimoine du constituant; nous pensons qu'il en est encore de même en Droit français ; cependant le *vendeur à pacte de rachat* ne peut valablement constituer une hypothèque sur la chose vendue, à condition qu'il rachètera cette chose; car c'est une condition potestative de la part du constituant, qui rend nulle la constitution.

On peut constituer hypothèque pour cautionner l'obligation d'un tiers.

Nous avons dit plus haut que la constitution d'hypothèque ne peut frapper que les biens qui sont dans le patrimoine actuel du débiteur.

Par exception à ce principe, les biens à venir peuvent être hypothéqués dans les deux cas suivants :

1° Lorsque les biens présents et libres du débiteur sont, au moment de la constitution, déclarés insuffisants pour sûreté de la créance (art. 2130).

2° Lorsque l'immeuble ou les immeubles assujettis à l'hypothèque ont péri ou éprouvé des dégradations, de manière qu'ils sont devenus insuffisants pour la sûreté du créancier (art. 2131).

A l'égard du premier cas, il s'élève une difficulté, dont la solution divise les auteurs et les tribunaux. Il s'agit de savoir, si le débiteur qui, lors de la constitution, n'a aucuns biens, peut comme celui dont les biens sont insuffisants, affecter ceux qu'il acquerra par la suite.

La négative semble résulter du mot *insuffisants*, employé dans l'art. 2130 et qui suppose l'existence de biens présents; mais nous adopterons sans hésiter l'affirmative; l'esprit du Code justifie complétement cette assertion. Il est évident, en effet, qu'il y a insuffisance notoire et absolue, lorsqu'il n'y a rien; ce serait un véritable jeu de mot que supposer le contraire. Qu'a voulu le législateur en modifiant la défense d'hypothéquer les biens à venir? Nécessairement son intention était de venir au secours du débiteur dont les facultés présentes sont trop faibles pour se procurer du crédit et des ressources. Il n'a donc pu refuser cette faveur à celui qui n'a aucune fortune présente et qui se trouve dans une position d'autant plus favorable qu'elle est malheureuse.

Telle est, au surplus, l'opinion de M. Grenier (t. Ier, n° 63), et de M. Troplong (*Traité des hypothèques*, § 538). Voyez aussi dans ce sens un arrêt de la Cour de Besançon, du 29 août 1811 ; MM. Persil, Dalloz et Delvincourt admettent l'opinion contraire.

Si les biens du débiteur étaient suffisants et qu'il eût fait une fausse déclaration à cet égard, les tiers intéressés pourraient s'en prévaloir pour faire déclarer nulle l'hypothèque des biens à venir ; mais le débiteur ne pourrait pas prouver que les biens sont suffisants, car nul ne peut exciper de son dol personnel pour faire rétracter l'obligation qu'il a contractée sous prétexte de nullité.

Nous ferons encore remarquer que les biens à venir ne sont frappés d'hypothèque qu'à mesure de leur acquisition, sans stipulation nouvelle et du jour seulement où le créancier a pris inscription sur chacun de ces biens.

Quant au deuxième cas, qui fait exception au principe de la spécialité, il a été dicté en faveur du créancier; il eût été injuste de le faire souffrir de la perte ou des dégradations qui auraient pu survenir à l'immeuble. La loi pourvoit par deux moyens à sa sûreté ; elle lui permet d'exiger le remboursement de sa créance ou de demander un supplément d'hypothèque. Le choix de l'un ou de l'autre de ces moyens est facultatif de sa part, si les sûretés ont été diminuées par le débiteur; mais ce dernier peut en faire l'option, si la diminution provient d'une force majeure quelconque (art. 1187—1188).

Toutefois, s'il y a lieu à un supplément, il doit nécessairement consister en biens présentant une valeur suffisante pour assurer le payement de la créance.

Si le débiteur n'a pas de biens présents, le créancier pourra exiger une constitution d'hypothèque sur les biens à venir, dans les termes de l'art. 2130 du Code civil.

Il faut cependant remarquer, que dans le cas où pour éviter le remboursement, le débiteur opte pour un supplément d'hypothèque, il ne peut pas, malgré le créancier, offrir le supplément en immeubles à venir, car le créancier ne peut être tenu d'accepter en supplément que des immeubles suffisants, et il n'y a rien de suffisant dans l'avenir qui : este incertain.

SECTION IV.

De la forme de la constitution d'hypothèque.

Deux choses sont essentielles à la forme de la constitution d'hypothèque :

1° Un acte authentique.

2° La spécialité des biens soumis à l'hypothèque.

§ 1. De l'acte authentique.

L'acte authentique est celui qui a été reçu avec les solennités requises par un officier public ayant capacité et pouvoir d'instrumenter dans le lieu où l'acte a été rédigé (art. 1337, comb. loi du 25 ventôse an XI).

Dans le cas d'hypothèque, les officiers publics capables d'instrumenter, sont les notaires; néanmoins les autorités administratives sont autorisées à recevoir ou passer certains actes, tels que baux et marchés, dont l'exécution peut être garantie par une hypothèque conventionnelle (lois des 20 — 28 octobre 1790, 4 mars 1793 et décret du 12 août 1807).

Quant aux actes sous seing privé, ils ne peuvent produire hypothèque, lors même qu'ils renfermeraient une stipulation spéciale; mais il est un moyen de les en rendre capables: c'est d'en faire le dépôt et la reconnaissance chez un notaire; dans ce cas nous croyons qu'il ne serait pas même nécessaire de rappeler dans l'acte de dépôt toutes les stipulations que renferme l'acte déposé, car le dépôt ne change rien à la constitution; il la corrobore seulement par son authenticité.

Si le dépôt n'était fait que par le débiteur, la constitution serait aussi valable; il en serait autrement, s'il était fait par le créancier, car nul ne peut se créer de titre à soi-même. L'acte qui constate la créance peut être sous seing privé. L'art. 2129 porte, en effet, que l'on peut établir une hypothèque par un acte postérieur, lorsqu'elle n'a pas été consentie dans celui qui constate la créance; et ici nous dirons aussi que le mandat pour consentir hypothèque, peut être sous seing privé; car la constitution d'hypothèque et le mandat sont deux choses tout à fait distinctes, et la loi, en s'occupant du mandat à l'effet de consentir hypothèque, exige pour toute condition qu'il soit exprès.

La jurisprudence paraît conforme à cette doctrine.

A l'égard des contrats passés en pays étranger, ils ne peuvent produire en France aucune hypothèque conventionnelle. La loi n'admet qu'une seule exception à ce principe: c'est que l'hypothèque peut résulter de contrats passés hors du royaume, si cela a été permis par les traités et les lois politiques.' Et dans cette dernière hypothèse, d'après le principe: *Locus regit actum,* il résulte qu'il suffit que ces contrats aient été revêtus de la forme voulue par les lois du

2

pays où ils ont été contractés pour qu'ils produisent hypothèque valable en France.

Les colonies ne doivent point être considérées comme pays étranger.

§ 2. *De la spécialité.*

L'hypothèque acquiert le caractère d'hypothèque spéciale, toutes les fois que l'indication de la nature et de la situation des biens grevés est renfermée dans l'acte constitutif ou dans un acte postérieur. La loi ne s'étant pas expliquée sur ce qu'elle entend par ces expressions : *nature et situation*, c'est une question de fait abandonnée à la sagesse des tribunaux ; toutefois il nous semble qu'il ne faut pas apporter un esprit trop minutieux dans l'exigence de ces conditions ; il suffit que les parties aient employé telle ou telle désignation qui ne laisse pas de doute sur l'identité de l'immeuble. Aussi nous croyons que le vœu du législateur serait suffisamment rempli, *quant à la nature* des biens, par la désignation du genre dont l'immeuble fait partie, par exemple si l'on disait que c'est un bâtiment, un jardin, une vigne, etc., et *quant à la situation*, par le nom de la commune.

Cette doctrine est admise par la jurisprudence, et consacrée par de nombreux arrêts de la Cour de cassation.

SECTION V.

De l'étendue de la constitution d'hypothèque.

Aux termes de l'art. 2133, l'hypothèque acquise s'étend à toutes les améliorations survenues à l'immeuble hypothéqué.

Ce principe est général et s'applique aussi bien aux hypothèques légales et judiciaires qu'aux hypothèques conventionnelles. L'amélioration, de quelque nature qu'elle soit, ne peut échapper à l'hypothèque. Ainsi, par exemple, si, d'une terre labourable, on fait un pré, une vigne, l'hypothèque frappera successivement le pré ou la vigne; il en est de même d'un fonds hypothéqué sur lequel on construit une maison : *ædificium solo cedit.*

A l'égard de l'hypothèque consentie sur la nue-propriété d'un immeuble, elle frappe aussi le droit d'usufruit lors de la consolidation : *quod accedit pignori pignus est.*

Il en est autrement, lorsque l'hypothèque est consentie sur un droit d'usufruit; la raison en est claire, l'hypothèque frappe l'usufruit comme accessoire quand celui-ci se réunit à la propriété; cette raison n'existe pas lorsque la nue-propriété se réunit à l'usufruit.

Nous avons dit dans notre définition de l'hypothèque, que celle-ci était indivisible; ici nous ferons remarquer qu'en cette qualité l'hypothèque frappe à la fois l'immeuble hypothéqué et la créance pour sûreté de laquelle elle est établie; elle doit donc aussi comprendre les accessoires de cette créance, tels que les arrérages de rentes et intérêts des capitaux. Cependant, dans la crainte que l'accumulation des intérêts ou arrérages ne devienne nuisible aux créanciers postérieurs, qui ne pourraient en avoir connaissance, l'inscription ne donne rang à l'hypothèque, en ce qui concerne les accessoires, que pour deux années, et l'année courante.

SECTION VI.

Des nullités de la constitution d'hypothèque.

Ces nullités sont de deux sortes : elles tiennent aux contractants ou à la forme de l'acte.

Les premières sont absolues ou relatives, c'est-à-dire qu'elles peuvent être opposées par tous ceux qui y ont un intérêt né et actuel, sans qu'on puisse leur opposer qu'ils se prévalent du droit d'un

2.

tiers; ou bien qu'elles ne sont établies qu'en faveur de certaines personnes seulement et que des tiers ne peuvent les invoquer, quelque puissant que soit leur intérêt à les faire prononcer.

Les nullités qui concernent la constitution faite par le mineur, l'interdit, la femme mariée, sont simplement relatives (art. 1125-1305).

De ce principe il résulte que la ratification donnée à une époque où l'incapacité a cessé, doit avoir un effet rétroactif au jour du contrat constitutif.

Cet effet rétroactif peut-il porter préjudice aux tiers?

Non, par argument de l'art. 1338.

Quant aux nullités qui concernent la constitution d'hypothèque faite par les administrateurs, le tuteur, etc., elles sont absolues et peuvent être invoquées par toute personne intéressée.

Il suit de là, que, relativement aux tiers, la ratification ne couvre point ces nullités, et que ses effets ne remontent pas au jour de la passation de l'acte principal, car c'est une disposition nouvelle qu'elle introduit.

Enfin, les nullités concernant la forme sont aussi absolues, et entraînent l'anéantissement complet de la constitution, qui ne peut plus être valable qu'au moyen d'une constitution nouvelle.

JUS ROMANUM.

DE CONSTITUTIONE CONVENTIONALIS HYPOTHECÆ.

I.

Hypotheca, seu pignus, est jus in re, quo creditor fundum sequitur, adversùs quemcumque possessorem, et quo in distributione pretii aliis creditoribus præfertur.

II.

Hypotheca considerari potest ratione causæ, ratione objecti et ratione extensionis.

III.

Ratione causæ, hypotheca triplex distinguitur; cum enim pignoris causa efficiens sit aut lex, aut voluntas hominum, aut magistratus, indè hypotheca est aut legalis, aut conventionalis, aut judicialis.

IV.

Ratione objecti duplex occurrit hypotheca; objectum vero circà quod versatur, est vel res mobilis vel immobilis; si primum, vocatur pignus; si secundùm, proprie dicitur hypotheca.

V.

Ratione extensionis iterùm duplex venit hypotheca, aut generalis, aut specialis. Sola verò hypotheca conventionalis generalis est aut specialis.

VI.

Hypotheca generalis ea dicitur, quæ vel in omnibus præsentibus

vel in futuris versatur rebus ; specialis autem ea vocatur quæ cadit
in res quasdam designatas atque determinatas.

VII.

Hypotheca ex hominum voluntate vel per contractum constitui-
tur, vel per pactum nudum, quod vocatur pactum hypothecæ.

VIII.

Ad hypothecam constituendam requiritur alienationis capacitas ;
et enim si pignus non vera est alienatio, attamen, re oppignerata',
creditor vi facultatis sibi concessæ, ad prosequendum venditionem
jus acquirit.

IX.

Dominus in re suâ dominium habens solus pignus constituere potest, sed tamen aliena res, domino volente, vel deindè ratum ha-
bente, pignori dari potest.

X.

Potest etiam et oppignerari aliena, eâ tamen conditione, ùt certo
elapsó tempore, res pertineat ad constituentem.

XI.

Constitutio hypothecæ facta ab eo qui rei dominium non habet,
nulla est prorsùs et invalida. Attamen si in posterùm dominus is-
tam oppignerationem ratam habet, ratificatio retròactive ad diem
contractus valebit, non tamen in præjudicium tertii a quojus intereà
quæsitum foret.

XII.

Causa constitutionis hypothecariæ est obligatio.

XIII.

Indè conditione obligationi principali adjectâ, si quidem po-
testativa est antè existentiam ejus, efficax non fit pignoris constitutio, sin casualis vel mixta sit, efficaciam pignus habet ex tempore
quo inita est conventio.

XIV.

Quælibet res ad commercium spectans, oppignerationis capax est, et pignoris constitutio sese extendit, super omnia bona vel mobilia, vel immobilia, vel præsentia, vel futura, sive corporalia sint, sive incorporalia.

XV.

Bona dotalia hypothecâ affici nequeunt.

XVI.

Pignoris constitutio cadit tùm in omnia accidentalia tum etiam in conditionem rei immobilis progressive meliorem factam.

DROIT COMMERCIAL.

DES CRÉDITS OUVERTS.

PREMIÈRE PARTIE.

Le mot *crédit* vient de *credere*, qui signifie *croire*, *confier*, *prêter*. Le crédit est en général la confiance dont on jouit et au moyen de laquelle on trouve à emprunter ou à s'obliger à terme.

Le crédit devient *crédit ouvert*, lorsque celui qui consent à prêter s'y oblige d'avance, c'est-à-dire lorsqu'il s'engage envers un autre à lui fournir des fonds ou toutes autres valeurs, telles que des marchandises, en les tenant à sa disposition, soit indéfiniment, soit jusqu'à concurrence d'une certaine somme déterminée ou pendant un certain temps.

Lorsque la livraison a lieu, il y a un prêt seulement. Il y a donc dans un crédit ouvert deux contrats différents et bien distincts, et qu'il ne faut pas confondre.

Cela posé, nous définissons le crédit ouvert : un contrat consensuel, synallagmatique imparfait et commutatif, par lequel une partie s'engage à prêter et l'autre se réserve la faculté d'emprunter.

On appelle *créditeur*, celui qui prête ou fournit les fonds, et *crédité* celui qui les reçoit.

La loi ne prescrit aucune formalité extérieure pour la perfection de ce contrat : ainsi l'écriture n'est pas même nécessaire pour sa validité. Quant à sa preuve, elle peut se faire par tous les moyens de droit commun, lorsque le contrat a lieu entre individus non commerçants, et par les modes indiqués par l'art. 109 du Code de commerce, lorsqu'il a lieu entre commerçants.

Il peut donc se prouver, soit par la correspondance, soit par acte sous seing privé, soit par acte authentique; mais cette dernière forme est toujours préférable. Elle devient même indispensable, lorsqu'il est conféré hypothèque. Dans les autres cas, c'est en général un moyen d'écarter les soupçons de fraude, si l'une des parties vient à être déclarée en état de faillite.

Par le crédit ouvert, les parties contractent des engagements équivalents et réciproques; d'une part le créditeur s'oblige à faire l'avance au crédité, de toutes les sommes dont il aura besoin et à payer ou à acquitter les lettres de change ou mandats que le crédité a pu tirer pendant la durée du crédit, ainsi que tous les billets et autres effets de commerce qu'il souscrira pour être payés chez le créditeur, le tout jusqu'à concurrence de la somme convenue; d'autre part, le crédité s'oblige envers le créditeur, pour le cas où il usera du crédit, à lui rembourser le montant des sommes qu'il aura reçues, c'est-à-dire les avances faites par le créditeur avec les intérêts qui courent de plein droit, à dater des époques des avances successivement réalisées, et les droits de commission d'usage.

Nous devons remarquer ici combien le contrat qui nous occupe, doit être utile et précieux dans le commerce, par la faculté qu'il accorde au crédité d'exiger les valeurs qui font le montant du crédit, et qui le rend créancier de ces valeurs. Dans le commerce, avant tout, il faut de la rapidité et de l'argent à disposition. Le pouvoir de forcer celui qui s'est obligé à prêter, de réaliser sa promesse et de trouver ainsi des fonds à volonté, doit recevoir une application journalière.

Mais, comme dans le commerce les fonds ne doivent jamais rester oisifs, il ne serait pas équitable que le créditeur fût victime de son bon vouloir, et que sa caisse souffrît des caprices du crédité qui peut ou non toucher ces fonds.

Ce motif nous porte à croire que dans le cas où le crédité ne ferait pas usage du crédit qui lui a été ouvert, il serait tenu d'indemniser le créditeur; car ce dernier étant obligé de tenir des fonds à disposition, a pu manquer d'autres négociations, et doit par conséquent être indemnisé du tort qu'il éprouve.

Cette indemnité devra être réglée par le juge et proportionnée à l'absence du gain qu'a éprouvée le créditeur, à moins que le contrat n'ait lui-même fixé le montant des dommages-intérêts (Code civil, art. 1149).

Le crédit ouvert peut être limité ou illimité pour la somme et pour le temps, ou limité sous un de ces deux rapports seulement, et illimité pour l'autre, mais il est rare qu'on ouvre des crédits illimités.

Entre commerçants, l'exécution successive du crédit, c'est-à-dire les avances de celui qui l'a ouvert et les remboursements de celui à qui il a été ouvert se constate au moyen du compte courant.

DEUXIÈME PARTIE.

DES GARANTIES AFFECTÉES POUR SURETÉ D'UN CRÉDIT OUVERT.

Ces garanties peuvent consister en un dépôt de valeurs ou tout autre gage mobilier, et le plus souvent en une caution ou une hypothèque. S'il est donné un gage, le privilége du créditeur est assuré du jour de la passation de l'acte.

Quant au cautionnement, à quoi s'étend-il ?

Nous croyons que la caution demeure obligée jusqu'à concurrence de l'étendue du crédit, tant que le terme fixé par le crédit n'est pas arrivé, s'il en a été fixé un, ou que le crédit ne cesse pas par la volonté des parties ou de l'une d'elles, selon que la faculté en a été réservée. Quand même le crédité aurait, pendant la durée du crédit, plusieurs fois rendu et repris des sommes chez le créditeur, même au delà du montant du crédit; peu importe, la caution ne peut prétendre que la dette garantie a été remboursée et qu'il en a été créé une nouvelle; c'est là qu'on reconnaît la différence entre le cautionnement d'un crédit et celui d'un véritable emprunt.

A l'égard de la constitution d'hypothèque concernant un crédit ouvert, il s'élève des difficultés graves et importantes.

Et d'abord : 1° l'hypothèque est-elle valable dans son principe?

2° De quel jour doit-elle produire son effet et prendre rang ?

3° Comment doivent être constatées les avances de fonds pour lesquelles l'hypothèque existe?

La première de ces questions a été fort longtemps controversée; mais aujourd'hui les auteurs semblent tous s'accorder et se prononcer pour la validité de l'hypothèque. Cette opinion, nous la partageons, et voici les motifs sur lesquelles nous l'appuyons.

Le crédit ouvert forme entre les parties un lien de droit, par suite duquel le créditeur met ses deniers à la disposition du crédité, qui contracte de son côté l'obligation d'indemniser le créditeur de ses avances, avec intérêts et droits de commission d'usage. Cette obligation du crédité se forme au moment même de l'acte et peut être valablement garantie par une hypothèque. On prétendrait vainement qu'il n'y a pas d'obligation avant la réalisation du crédit, et on invoquerait à cet égard les dispositions de l'art. 1174 du Code civil. Suivant cet article, l'obligation est nulle lorsqu'elle est contractée sous une condition potestative de la part de celui qui s'oblige ou qui est débiteur. Mais ici cette application ne peut pas avoir lieu; car, si dans l'espèce, le crédité est débiteur, il ne l'est que relativement à l'hypothèque; il est créancier du crédit puisqu'il peut exiger à sa volonté les avances promises. Le créditeur, débiteur du crédit, est le créancier de l'hypothèque. Il suit donc qu'il n'existe pas de condition potestative de nature à vicier l'obligation, mais seulement une condition suspensive qui ne s'oppose pas à la constitution d'une hypothèque, aux termes de l'art. 2132.

MM. Merlin, Battur, Grenier, ont admis la validité de l'hypothèque; un arrêt de la Cour de cassation du 26 janvier 1814 a consacré la même doctrine.

L'hypothèque a-t-elle effet du jour de l'inscription ou seulement du jour de la réalisation du crédit?

C'est notre seconde question. Elle consiste à savoir en d'autres termes, si dans le cas où après avoir donné hypothèque sur un immeuble pour sûreté du crédit, le crédité venant à hypothéquer le même immeuble à un nouveau créancier qui s'inscrit régulièrement avant que le crédité ait fait usage du crédit, le créditeur aura la préférence sur le nouveau créancier.

Nous adoptons la doctrine de la non-rétroactivité de l'inscription, c'est-à-dire que le tiers qui a contracté avec le crédité avant la réalisation du crédit et qui a formé inscription en temps utile doit être préféré au créditeur, lors même que l'inscription de ce dernier serait antérieure.

En effet, il n'est pas plus dans l'esprit du Code civil qu'il n'était dans celui des lois romaines, de donner au préjudice des tiers un effet rétroactif à l'accomplissement d'une condition potestative de la part du débiteur.

Il est vrai que l'art. 1179 du Code civil porte, que la condition accomplie a un effet rétroactif au jour auquel l'engagement a été contracté; mais cette disposition ne peut pas s'appliquer aux conditions potestatives de la part du débiteur, dans les cas où elles n'emportent pas la nullité radicale de l'obligation.

D'ailleurs par argument de l'art. 1338, les droits acquis des tiers ne peuvent recevoir aucune atteinte par un fait personnel au débiteur et dépendant uniquement de sa volonté. Peu importe que ce fait se rattache à un acte antérieur; dès que l'exécution que le débiteur donne à cet acte est purement volontaire de sa part, il n'en peut résulter aucun préjudice pour eux.

Par conséquent l'hypothèque ne doit prendre rang à l'égard des tiers que du jour de la numération des deniers.

Telle est aussi l'opinion qu'enseignent M. Merlin dans ses *Questions de droit*, v° Hyp., § 3; M. Toullier, t. VI, n° 546; M. Troplong (*Traité des Hyp.*, § 479).

Abordons maintenant la troisième question.

Comment doivent être constatées les avances des fonds pour lesquelles l'hypothèque existe? faudra-t-il un acte authentique, ou un acte sous seing privé suffira-t-il?

Nous croyons que l'acte sous seing-privé peut suffire; car il faut distinguer ici deux choses : pour l'acte qui constitue l'hypothèque, la loi exige l'authenticité, mais cette formalité n'est pas nécessaire pour l'acte qui liquide la créance.

Les auteurs les plus recommandables professent cette opinion.

DROIT CRIMINEL.

DE LA RÉVISION DES JUGEMENTS CRIMINELS.

La révision des jugements criminels est une voie extraordinaire de se pourvoir contre une sentence criminelle, jugée en dernier ressort.

Elle a pour objet d'établir, par une manifestation éclatante, l'innocence des condamnés victimes d'une erreur matérielle et évidente.

Elle ne peut atteindre qu'une condamnation prononçant des peines afflictives ou infamantes, et contre laquelle en général toute autre voie aurait été vainement tentée.

Les causes de la révision doivent être restreintes et bornées, car celle-ci remet en doute la vérité de la chose jugée.

§ 1. *Des causes de la révision.*

La loi n'autorise la révision que dans trois cas :

1° *Lorsque deux accusés ont été condamnés par deux arrêts différents, comme auteurs d'un même crime et que les deux arrêts ne peuvent se concilier* (art. 443).

L'inconciliabilité doit être la preuve évidente de l'innocence de l'un ou de l'autre condamné; si par exemple un assassinat, un vol, un viol a été commis et qu'il soit bien démontré que le crime a été exécuté par une seule personne, si deux individus ont été successivement condamnés pour ce fait, la révision sera demandée avec succès; car il est évident dans ce cas que l'une des condamnations est erronée.

Il en serait autrement si l'un des condamnés avait été complice de l'autre; et quand même l'un des complices aurait été acquitté, l'autre ne pourrait tirer de cet acquittement une preuve de son innocence.

Si l'inconciliabilité se trouvait entre deux chefs du même arrêt, il n'y aurait pas lieu à révision, mais il y aurait lieu à cassation.

La mort de l'un des condamnés arrivée depuis l'admission de la demande par la Cour de cassation, n'arrête pas la révision.

Le condamné par contumace n'est pas privé du bénéfice de la révision.

2° *Lorsqu'il y a des indices suffisants de l'existence de la personne dont la mort supposée a donné lieu à la condamnation* (art. 444).

Il faut remarquer que dans ce seul cas, la loi permet de réviser la condamnation d'un condamné mort avant ou depuis la demande en révision (arg. 447, comb. 444).

La loi, ce nous semble, aurait pu étendre cette faveur aux deux autres causes de révision, à moins que le législateur n'ait fondé cette restriction sur le degré plus grand de faveur que mérite le condamné dans cette hypothèse; car dans ce cas-ci seulement on peut obtenir une certitude entière et complète de l'innocence du condamné.

La reproduction de pièces déjà produites dans l'instruction ne pourrait autoriser la révision. Elles sont rejetées par le fait même de la condamnation.

Le décès de la personne dont la condamnation a eu pour base la mort supposée d'un individu qui se représente, lorsque ce décès est arrivé depuis la condamnation de l'accusé, ne ferait pas obstacle à la révision, pourvu qu'avant sa mort cette personne ait été interrogée (art. 519). Il nous semble cependant que si malgré le défaut d'interrogatoire, l'identité de cette personne pouvait être suffisamment constatée, l'arrêt pourrait néanmoins être révisé, car cet interrogatoire n'est nécessaire que comme moyen de preuve.

5° Lorsqu'après une condamnation contre un accusé, l'un ou plusieurs des témoins qui avaient déposé à charge contre lui sont condamnés pour faux témoignage (art. 445).

Tel est le dernier cas de révision ; il se présente bien rarement, car lorsque dans le cours des débats, il y a contre l'un des témoins prévention de faux témoignage, il peut être sursis aux débats (art. 351).

La Cour suprême a consacré en principe que si, pendant les débats, l'accusé n'a pas requis à raison des faits de faux témoignage qui lui étaient connus, le commencement de l'instruction autorisée par l'art. 330, il ne pourra plus se plaindre. Si le témoin accusé mourait avant son jugement, la révision ne pourrait être poursuivie, car il faut traduire en justice les faux témoins, les entendre dans leur défense et les faire condamner après démonstration de leur crime.

La seule plainte en faux témoignage par le condamné rendue depuis sa condamnation, n'arrête pas l'exécution de sa condamnation.

La cause de révision qui nous occupe est fondée sur le faux témoignage ; nous croyons devoir définir ici le témoignage, afin de faire connaître les cas où il peut y avoir faux témoignage ; or, on appelle témoignage : une déposition faite sous la foi du serment par une personne appelée en justice pour y déclarer ce qui est à sa connaissance sur l'existence d'un fait matériel. La révision ne peut donc être invoquée pour la cause dont il s'agit que lorsque ces caractères se représentent ; ainsi, lorsque le ministère public soutient une accusation, l'énumération des charges sur lesquelles elle repose, le texte des lois qu'il cite et l'interprétation fausse ou vraie qu'il leur attribue, ne sauraient être comparés à ce que la loi appelle un faux témoignage, qui pût servir de base à la révision.

Nous croyons aussi qu'il serait difficile ou plutôt impossible de fonder la révision d'un procès criminel sur la variation de quelques témoins, même quand leurs dépositions orales pourraient être vérifiées.

§ 2. *De la manière de former la demande en révision.*

La procédure préliminaire émane du ministre de la justice, qui peut agir, soit d'office, soit sur la réclamation de l'individu condamné, soit sur la demande du procureur général.

Le ministre de la justice ordonne la suspension de l'exécution (art. 443, 444 et 445).

Cette suspension existe de plein droit, c'est-à-dire que le procureur général peut l'ordonner d'office, lorsque la révision a lieu pour une autre cause que pour celle d'existence de la personne dont la mort supposée a donné lieu à la condamnation. Dans cette hypothèse, nous ne pensons cependant pas que le procureur général soit en forfaiture, s'il suspendait l'exécution avant de recevoir un ordre du ministre ; ce magistrat a une sorte de pouvoir discrétionnaire et il peut selon qu'il jugera les indices plus ou moins puissants, ordonner le sursis ou persister dans l'ordre d'exécution, avant d'en recevoir l'ordre du ministre. Admettre l'opinion contraire, serait très-souvent fort préjudiciable au condamné.

Le sursis levé, le ministre provoque la révision par l'envoi des pièces à la Cour de cassation, qui décide si la demande est admissible, et alors la procédure varie suivant les cas.

A. *De la procédure pour cause d'inconciliabilité.*

Le procureur général près la Cour de cassation, saisi de l'affaire par l'envoi des pièces qui lui a été fait par le ministre, dénonce les deux arrêts à cette Cour (section criminelle). La Cour, si elle trouve la cause bien fondée, casse les deux arrêts et renvoie les deux accusés en état d'accusation devant une cour d'assises ou un autre tribunal que celui qui a rendu les arrêts ou jugements cassés (art. 443).

B. *De la procédure pour cause d'existence de la personne dont la mort supposée a donné lieu à la condamnation.*

La Cour de cassation saisie de l'affaire, comme il est dit ci-dessus, déclare les indices insuffisants ou suffisants; au premier cas le sursis est levé. Au deuxième cas, c'est-à-dire lorsque les indices sont suffisants, la Cour le déclare par un arrêt préparatoire, et charge de la vérification de l'identité une cour royale quelconque. Cette cour royale, soit qu'elle reconnaisse ou non l'identité, transmet son arrêt à la Cour de cassation. Si l'arrêt transmis est négatif, la Cour de cassation déclare qu'il n'y a lieu à révision, et le sursis est levé de droit. Si l'arrêt transmis est positif, c'est-à-dire si l'identité est reconnue, la Cour de cassation pourra casser l'arrêt de condamnation, et même renvoyer, s'il y a lieu, l'affaire à une cour d'assises autre que celles qui en auraient primitivement connu.

4

Lorsque la Cour de cassation déclare qu'il y a lieu à révision, si le condamné est mort depuis la condamnation, la Cour de cassation crée en même temps un curateur à sa mémoire, qui exerce tous les droits du condamné (art. 447).

C. De la procédure pour cause de faux témoignage.

Lorsqu'un témoin, après une condamnation, est poursuivi pour faux témoignage à charge, ou que l'accusation en faux témoignage est admise contre lui par la chambre d'accusation, ou même qu'il est seulement décerné contre lui un mandat d'arrêt, il est sursis à l'exécution de l'arrêt par ordre du procureur général près la cour qui a rendu cet arrêt. On traduit en justice le faux témoin. Après sa condamnation, le ministre dénonce le fait à la Cour de cassation. La Cour, vérification faite de la condamnation du faux témoin, annule le premier arrêt et renvoie l'accusé, l'acte d'accusation subsistant, devant une cour d'assises autre que celles qui auront rendu soit le premier, soit le second arrêt.

Le témoin condamné ne peut pas être entendu dans les nouveaux débats, même pour donner de simples renseignements (art. 446).

FIN.